45
Lb 318.

RELATION

DU

PASSAGE DE SON ALTESSE ROYALE

MADAME,

DUCHESSE D'ANGOULÊME,

DANS LE DÉPARTEMENT DU RHONE,

ET DE SON SÉJOUR DANS LA BONNE VILLE DE LYON

PENDANT LES 6, 7, 8 ET 9 AOUT 1814.

A LYON,

DE L'IMPRIMERIE DE BALLANCHE, IMPRIMEUR DE LA PRÉFECTURE.

1814.

RELATION

DU

PASSAGE DE SON ALTESSE ROYALE

MADAME,

DUCHESSE D'ANGOULÊME,

DANS LE DÉPARTEMENT DU RHONE,

ET DE SON SÉJOUR DANS LA BONNE VILLE DE LYON,

PENDANT LES 6, 7, 8 ET 9 AOUT 1814.

Le passage de S. A. R. MADAME, duchesse d'Angoulême, dans le département du Rhône, et son séjour à Lyon, ont excité un tel enthousiasme et produit un développement si énergique et si unanime des sentimens qui animent tous les bons Français, qu'il est essentiel d'en faire connaître les détails et de leur donner la plus grande publicité. Les moindres circonstances deviennent précieuses à recueillir, lorsqu'elles concernent une Princesse si chère à toute la Nation.

Ce fut le 6 août au matin que Son Altesse Royale entra dans le département du Rhône. Tarare est la première ville placée sur la route ; à sa porte était un arc de triomphe drapé en mousseline, du style le plus noble et le plus élégant. Toutes les rues qu'elle devait traverser, étaient tendues de la même étoffe, entremêlée de festons de fleurs et de devises ingénieuses. Les industrieux habitans de ce canton trouvaient ainsi le moyen de mettre sous les yeux de Son Altesse les riches produits de leurs manufactures, qui n'ont point d'égales en France, et qui rivalisent avec les plus belles de l'étranger.

Son Altesse y fut reçue et complimentée par M. le Sous-Préfet de Villefranche, M. le Maire de Tarare, ceux de tous les cantons environnans, et par un cortège nombreux de dames et de demoiselles vêtues de blanc, qui lui présentèrent des fleurs.

De Tarare jusqu'à la Tour-de-Salvagny, les communes traversées par la route avaient élevé de distance en distance des arcs de triomphe en fleurs et en verdure, et toute la population des campagnes, dans un rayon de cinq à six lieues, bordait la route, et se pressait autour des Autorités locales, pour s'unir aux marques de dévouement et de respect qu'elles s'empressaient de mettre aux pieds de la Princesse (*).

Arrivée à la Tour-de-Salvagny, Son Altesse Royale fut reçue par M. le comte de Bondy, Préfet du département, accompagné de M. de Varenne, Sous-Préfet, qui, sous un arc de triomphe, l'attendait à la tête de la Garde nationale à cheval, de Lyon, et qui lui adressa le compliment suivant,

---

(*) Parmi les arcs de triomphe placés sur la route, on a particulièrement remarqué ceux de l'Arbresle, Dardilly, Tassin, et sur-tout celui de la commune d'Écully, élevés par les soins des Maires.

auquel Son Altesse Royale daigna répondre avec autant de grâce que de bienveillance :

« MADAME,

» Tous les Français sont au comble du bonheur. Leurs vœux les plus ardens rappelaient au milieu d'eux cette Famille chérie que le Ciel a visiblement destinée à faire à jamais la gloire et la félicité de la France. Nos souhaits sont enfin accomplis.

» Madame, dans tous les lieux où Votre Altesse Royale daigne se montrer, elle voit la joie la plus franche briller sur tous les visages : on accourt de toutes parts pour contempler l'auguste Fille du meilleur des Rois; à son aspect, des larmes d'attendrissement coulent de tous les yeux; et, pénétré d'une religieuse vénération, chacun s'incline devant ce que le malheur a de plus saint, la vertu de plus exemplaire, et la piété filiale de plus touchant.

» Cette joie, ces respects, ces témoignages du plus constant dévouement à l'antique dynastie des Bourbons, Votre Altesse Royale les trouvera aussi dans le département du Rhône. Elle y entendra les mêmes acclamations d'enthousiasme et d'amour. Tous les cœurs y sont pour Louis-le-Désiré et son illustre Famille. La fidélité des Lyonnais vous est connue, Madame : je ne saurais exprimer combien ils seront heureux, combien ils sont impatiens de posséder Votre Altesse Royale, et de lui faire entendre ce cri de tout bon Français : *Vive le Roi! vive Madame! vive la fille de Louis XVI!* »

A Grange-Blanche, S. A. R. trouva S. Exc. M. le maréchal duc de Castiglione, Gouverneur-général, accompagné du Lieutenant-général Albert, commandant la division ; du lieutenant-général Margaron, du maréchal-de-camp Ducasse, chef de son état-major ; du maréchal-de-camp Cochois, commandant la place, des Officiers-généraux, de tous les états-majors, et d'une nombreuse cavalerie.

M. le Maréchal se plaça à la portière de droite, et M. le Lieutenant-général Albert à la portière de gauche.

A l'entrée de la commune de Vaise, faubourg de Lyon, on avait élevé un arc de triomphe d'une noble simplicité, entouré de gradins circulaires, sur lesquels était placé un nombre considérable de dames et de demoiselles vêtues de blanc et parées de fleurs de lis. S. A. R. y fut complimentée par M. le Maire de Vaise à la tête du Corps municipal, et une jeune demoiselle lui adressa des vers.

A la barrière de Lyon, porte de Vaise, était un superbe arc de triomphe. On y remarquait les vers suivans, tirés de la tragédie d'Adélaïde du Guesclin :

Oui, le sang des Bourbons est toujours adoré.
Tôt ou tard il fallait que de ce tronc sacré
Les rameaux dispersés, et courbés par l'orage,
Réunis et plus beaux, devinssent notre ombrage.

A droite et à gauche régnait une longue galerie en gradins, sur lesquels étaient placés les Magistrats de la ville de Lyon, les députés de tous les arts et de toutes les professions, les chevaliers de St-Louis et de la Légion-d'honneur, et une multitude de dames et de demoiselles vêtues de blanc, et parées aussi de fleurs de lis.

M. le comte d'Albon, maire de Lyon, accompagné de ses Adjoints (*) et du Conseil municipal, la complimenta en ces termes :

___

(*) MM. le Baron de Vauxonne, de Cazenove, le Comte de Laurencin, de Varax.

« MADAME,

» Le Maire et le Corps municipal de la ville de Lyon, heureux d'être, dans cette grande et mémorable circonstance, les organes de leurs concitoyens, viennent mettre aux pieds de Votre Altesse Royale, l'hommage de leur respectueux dévouement.

» O jour d'alégresse et de bonheur ! il nous est donc aussi donné de contempler, au milieu de nous, cette illustre Princesse, dont l'Europe admire les grandes et héroïques vertus, et que la France entière a proclamée son ange tutélaire, envoyé du sein de la Divinité, pour nous réconcilier avec les peuples et les rois !

» Paraissez dans nos murs, auguste Princesse qu'environnent de si touchans souvenirs, et qui portez avec vous tant de consolations et d'espérances. Daignez vous montrer à notre amour dans la pompe triomphale que vous a préparée notre reconnaissance. Jouissez des acclamations de ce peuple immense, dont le respect peut à peine contenir les transports.

» Comblés, Madame, de la haute faveur qui avait été l'objet de nos vœux les plus ardens, nous perdrons jusqu'au souvenir des grandes infortunes qu'attirèrent sur notre cité sa fidélité constante et son courageux dévouement à la cause de ses Rois.

» Ces sentimens firent dans tous les temps la gloire des Lyonnais ; et combien il est doux pour eux de les faire éclater dans la joie de ce beau jour, au milieu des vives émotions dont la présence de Votre Altesse Royale remplit tous nos cœurs ! »

Une jeune demoiselle, à la tête de ses compagnes, lui présenta des fleurs et lui adressa un compliment en vers.

S. A. R. daigna répondre de la manière la plus gracieuse aux témoignages d'amour et de vénération qui lui étaient exprimés; elle quitta sa voiture et monta dans une calèche découverte, attelée de six chevaux blancs, avec M.me la duchesse de Serent, sa dame d'honneur, et M.mes la comtesses de Choisy et de Damas qui l'accompagnaient.

Le cortège se mit en route dans l'ordre suivant, au bruit de l'artillerie et au son de toutes les cloches de la ville:

Un détachement de la gendarmerie;

Un autre de la cavalerie de la garnison;

Un autre de la garde nationale à cheval;

MM. les officiers des états-majors, chevaliers de St-Louis et de la Légion-d'honneur, à cheval;

Les jeunes élèves de l'Ecole des beaux-arts;

La voiture du Maire;

La voiture du Préfet;

Les voitures des officiers et dames de S. A. R., dans l'une desquelles était M. le vicomte d'Agoult, premier écuyer de MADAME.

La voiture de S. A. R.;

Les voitures de S. Exc. M. le maréchal duc de Castiglione, Gouverneur-général;

Un détachement de la garde nationale à cheval;

Les voitures des membres des diverses autorités et fonctionnaires publics;

Les voitures de la suite de S. A. R.;

Un détachement de cavalerie;

Un autre de gendarmerie;

La

La garde nationale et la troupe de ligne infanterie bordaient la haie.

M. le Maréchal, à cheval, accompagnait S. A. R. à la portière de droite, et le lieutenant-général Albert, commandant la division, à la gauche; le lieutenant-général Marulas, M. le chevalier de Lastour, écuyer de S. A. R., et les autres officiers-généraux entouraient la voiture.

Toutes les rues, ponts, places et quais par lequels a passé la Princesse, étaient ornés de draperies blanches et de festons en verdure.

Cette marche triomphale offrait le coup-d'œil le plus ravissant. Les rues et les places étaient couvertes d'une multitude infinie qui se pressait pour jouir de la présence si ardemment désirée de l'auguste Princesse. Rien n'était à-la-fois plus pittoresque et plus majestueux que le groupe des élèves des arts, vêtus du costume béarnais, précédant sa voiture et portant des enseignes et des bannières du meilleur goût, qui présentaient aux regards des devises et des emblêmes ingénieux.

Au passage sur le pont du Change, de jeunes demoiselles placées au-devant d'un temple d'ordre ionique, lui présentèrent des vers. Ce temple portait cette inscription aussi simple que vraie :

Amour a Madame.

Sur le Port-du-Temple, trois grands mâts pavoisés, ornés de trophées d'armes et de navigation, soutenaient une tablette sur laquelle on lisait ces vers :

Toujours pleins de zèle et de foi,
Toujours au champ d'honneur, prêts à servir d'exemple,
Les nautoniers du Port-du-Temple
Savent être soldats et mourir pour leur Roi.

A son arrivée au palais de l'Archevêché, S. A. R. y fût reçue par Son Exc. M. le Maréchal, le lieutenant-général commandant la division, le Préfet, le Sous-Préfet, le Maire et les autres Autorités, ainsi que par les dames de la ville, ayant à leur tête Mme la Maréchale duchesse de Castiglione, Mme la comtesse de Bondy et Mme la comtesse d'Albon.

L'entrée du palais était décorée de devises et de guirlandes; sur la terrasse, on avait dressé une vaste tente supportée par des piliers à fond bleu, parsemés de fleurs de lys, et à l'extrémité desquels flottaient des oriflammes.

Le quai sur lequel est construit ce palais, le superbe pont qui y conduit, pouvaient à peine contenir l'immense population qui brûlait de voir la Princesse et faisait retentir les airs des plus vives acclamations. La rivière était couverte de barques dont le mouvement continuel animait encore la scène.

S. A. R. daigna paraître plusieurs fois sur les balcons et la terrasse, et témoigner combien elle était émue des preuves d'amour qu'elle recevait.

Dans la soirée, les dames les plus distinguées de la ville furent présentées à S. A. R. par Mme la Maréchale.

A l'approche de la nuit, un immense ballon s'éleva majestueusement aux cris de *vive le Roi! vive Madame! vivent les Bourbons!* A neuf heures, il fut tiré, sur le pont de bois, devant l'Archevêché, un beau feu d'artifice que la ville y avait fait préparer. Les acclamations qui ne cessaient pas de se faire entendre, redoublèrent lorsqu'on aperçut un temple de feu avec cette inscription : *Vive Madame !*

Immédiatement après, la ville fut illuminée avec la plus

grande magnificence. La foule circula long-temps encore autour du palais, et bien avant dans la nuit, des chants d'alégresse se répétèrent sur tous les points.

Le lendemain dimanche, dès la pointe du jour, les avenues du palais et de la cathédrale de St. Jean étaient garnies par la population de la ville et des communes voisines. On savait que S. A. R. devait y aller entendre la Messe, et chacun, avide de contempler l'auguste Fille de tant de Rois, se pressait sur le lieu de son passage.

Bientôt les autorités civiles et militaires, ainsi que les Dames, se réunirent dans le chœur. Les trois nefs de cette vaste église étaient trop resserrées pour contenir l'affluence des personnes qui avaient été admises. Enfin, S. A. R. arrive avec sa Cour ; un attendrissement religieux s'empare de tous les cœurs ; on croit voir sur son front l'empreinte de la main divine qui la rend à notre amour, et les vœux les plus ardens sont adressés au ciel pour le Roi et pour toute son auguste Famille.

Elle fut reçue à la porte de l'église par M. Courbon, grand-vicaire, qui la complimenta à la tête de tout le clergé, et lui offrit l'eau-bénite.

Après la messe, S. A. R. reçut dans ses appartemens toutes les Autorités civiles, militaires et judiciaires, et les députations des départemens et des villes voisines.

S. Exc. M. le Maréchal, gouverneur général, présenta à S. A. R. M. le lieutenant-général Albert, commandant la division, M. le maréchal-de-camp Ducasse, chef de l'état-major du Gouvernement-général, M. le maréchal-de-camp Cochois, commandant de la place de Lyon, et les

Officiers supérieurs et autres des états-majors du Gouvernement-général, de la division et de la place, ainsi que les Chefs et Officiers des corps formant la garnison, et de la garde nationale de Lyon, à pied et à cheval. Il lui exprima, au nom de tous, leur dévouement personnel et celui de toutes les troupes au Roi, à la Famille royale, et le bonheur qu'ils éprouvaient à renouveler à S. A. R. le serment de sacrifier leurs vies au service de leur Souverain.

A la tête de la Cour Royale de Lyon, M. Cozon, président, présenta à S. A. R. l'hommage du respect de la Cour, et des sentimens d'amour dont chacun de ses membres était particulièrement animé pour le Roi et son auguste Famille. Il lui exprima le bonheur de rendre la justice au nom d'un Monarque qui leur en donnait un si noble exemple, et leur montrait lui-même à se rendre dignes des fonctions importantes qu'il leur confiait

M. le comte de Bondy, préfet, accompagné de M. Luylier, secrétaire-général, à la tête du Conseil de Préfecture, de M. de Varenne, Sous-Préfet de l'arondissement, et des différens Fonctionnaires publics qu'il a présentés à S. A. R., lui a adressé le discours suivant, tant en leur nom qu'en celui des habitans de tout le département :

« MADAME,

» Les Autorités civiles du département du Rhône viennent déposer aux pieds de V. A. R. l'hommage de leur vénération et de leur amour pour l'auguste Fille du plus vertueux des Rois.

» Oui, Madame, il est indissoluble le lien qui unit les Bourbons et le peuple français. La France doit à votre antique dynastie huit siècles d'un gouvernement doux et tutélaire, et tous les genres d'illustration qui pouvaient nous donner un des premiers rangs parmi les nations civilisées. Quels doivent donc être notre reconnaissance et notre dévouement pour de tels Souverains ? Et pourrions-nous jamais être infidèles à ces nobles sentimens, sans compromettre notre gloire, notre bonheur, et jusqu'à notre existence politique ?

» Madame, vous avez vu quels transports de joie fait éclater votre présence dans cette seconde ville du Royaume. Tous les Lyonnais se précipitent sur vos pas; ils versent de douces larmes en voyant une Princesse, modèle des plus sublimes vertus; ils remercient mille fois la Providence qui vous rend à leur amour.

» V. A. R. va bientôt rejoindre le plus juste des Rois, impatient de vous revoir auprès de son trône; vous êtes nécessaire à sa belle ame; il a besoin de vous, Madame, pour faire plus de bien aux Français. En mon nom, comme en celui des Fonctionnaires dont j'ai l'honneur d'être l'organe, je supplie V. A. R. de dire à ce bon Prince qu'il règne ici dans tous les cœurs, et qu'il n'a point de sujets plus fidèles que les habitans du département du Rhône. »

Le Tribunal de première instance ayant été admis devant S. A. R., M. Vitet, président, lui exprima les vœux du Tribunal pour la conservation de la vie précieuse du Roi, dont les vues justes et bienfaisantes assurent le bonheur de ses sujets, et la religieuse fidélité avec laquelle ils rempliront le serment d'imiter sa royale impartialité.

Le Tribunal de commerce présidé par M. Leroy, et la Chambre de commerce ayant à sa tête M. Regny père, vice-président, ont exprimé à S. A. R., par leur organe, la reconnaissance que le commerce de Lyon avait conservée de la haute protection dont l'avaient honoré dans tous les temps les Rois de France; le vœu de s'en montrer constamment digne, en observant avec fidélité les principes de loyauté qui l'ont toujours fait distinguer.

MM. Leroy et Regny saisirent cette heureuse occasion de supplier S. A. R. au nom du commerce réuni aux arts, de vouloir bien honorer une fête qu'il avaient disposée pour le lendemain au palais de St-Pierre. S. A. R. daigna agréer cette demande avec bienveillance.

M. le comte d'Albon, maire de Lyon, à la tête du Corps municipal, renouvela à S. A. R., l'hommage de l'amour et du respect des habitans de la ville. Organe de leurs sentimens, il rappela les titres à la bienveillance du trône que leur méritait une fidélité inébranlable aux principes de l'antique Monarchie des Francs, fidélité dont Lyon s'est toujours énorgueilli, et dont il aime à trouver la preuve dans les fastes de son histoire.

Immédiatement après, furent introduits successivement M. de Champagny, recteur, à la tête de l'Académie royale et du Lycée; l'Ecole royale vétérinaire; le Conseil général des hospices de la ville; l'Administration de celui de l'Antiquaille; les Bureaux de bienfaisance; le Conseil gratuit et charitable des prisons; MM. les Chevaliers de Saint Louis; de nombreuses députations de l'Académie des sciences, des différens corps composant le Barreau de

Lyon, et les députations des départemens et des villes voisines, entre autres celles de l'Ain et de l'Isère, présidées par leurs Préfets, celles de Montbrison et de Mâcon.

S. A. R agréa avec bienveillance tous les sentimens qui lui étaient exprimés, et parut satisfaite des témoignages de dévouement et d'amour qu'elle recevait ; elle daigna s'informer avec sollicitude de la situation des habitans des villes et des campagnes, et des divers établissemens publics.

S. A. R. avait agréé une promenade à l'Ile-Barbe, offerte au nom de la ville de Lyon ; elle partit à cinq heures du palais de l'Archevêché pour s'y rendre. Le cortége passa par la place de Louis-le-Grand, le quai du Rhône, la place des Terreaux, le quai de St-Benoît jusqu'au pont de Serin, où l'attendait une barque élégamment ornée, et portant sur son pavillon les armes de la ville de Lyon.

A la porte de Serin, le Maire de la commune de la Croix-rousse eut l'honneur de recevoir S. A. R. et de la conduire jusqu'à la barque sur laquelle elle monta, accompagnée de plusieurs dames et des principales Autorités civiles et militaires.

Deux autres barques suivaient : elles étaient occupées par les personnes invitées ; un bateau particulier portait un orchestre nombreux.

Le bassin de la Saône, depuis la porte de Serin jusqu'à l'Ile, forme le paysage le plus riche et le plus varié : les deux coteaux qui le bordent à l'est et à l'ouest, sont entre-coupés de bois, de prairies, de vignes, et de maisons élégantes ; des chemins et des sentiers bordés de haies et d'arbres de la plus belle verdure serpentent sur leurs flancs, et les eaux tranquilles et limpides de la rivière réfléchissent cette multitude d'aspects ravissans. La plaine et les sommets des coteaux étaient en quelque sorte liés par la multitude des spectateurs qui accouraient de la ville et des campagnes environnantes. La barque royale, escortée par une infinité de ces embarcations légères, connues sous le nom vulgaire de bèches, s'avançait majestueusement; un peuple impatient d'amour s'élançait à sa suite, et les groupes qui parcouraient en tout sens le fond de la vallée et la cime des coteaux, présentaient à l'œil le spectacle unique dans son genre d'une fête qui réunit à l'aimable simplicité des champs le luxe et la magnificence des plus opulentes cités. Au milieu de ces scènes si pittoresques et si animées, les acclamations, les cris de *vive le Roi, vive Madame ! vivent les Bourbons !* répétés par les échos, parcouraient sans cesse toutes les sinuosités de la vallée, et formaient sur ces rivages fortunés un concert d'alégresse qu'on ne peut exprimer par des paroles.

A son abord sur l'Ile, S. A. R. fut reçue par le Maire de St-Rambert, et ceux des communes environnantes; de jeunes filles vêtues de blanc formaient la haie, depuis le lieu de son débarquement, jusqu'à l'endroit préparé pour lui offrir des rafraîchissemens.

A son départ, le soleil n'éclairait plus que faiblement le sommet des coteaux, les ombres commençaient à s'étendre sur le fond de la vallée; on eût dit que la nature s'unissait aux regrets des spectateurs. En la voyant quitter ces bords que sa présence venait d'embellir, le cri touchant, *Adieu Madame,*

Madame, sortit à-la-fois de toutes les ames, et l'accompagna jusqu'à l'entrée de la ville.

S. A. R. se rendit immédiatement au Grand-Théâtre, accompagnée de tout son cortége.

Toutes les loges étaient garnies de femmes élégamment vêtues de blanc, et tenant à la main des bouquets de lis; et tous les hommes qui avaient pu entrer se pressaient sur les bancs de derrière et dans le parterre. Le coup-d'œil était magnifique.

A l'arrivée de S. A. R., des acclamations unanimes, un enthousiasme général lui témoignèrent combien sa présence était chère aux Lyonnais. Des fanfares, et l'air : *Où peut-on être mieux qu'au sein de sa famille ?* se mêlèrent aux cris de *vive le Roi ! vive Madame ! vivent les Bourbons !*

Au lever de la toile, un acteur s'avança et récita des vers composés par M. Tezenas, où étaient exprimés avec feu l'amour et la vénération qu'inspirent les hautes vertus d'une Princesse que le monde entier admire. A ces vers, interrompus plus d'une fois par de vifs applaudissemens, succéda une comédie allégorique, mêlée de chants et de danses, intitulée: *La Fête du bonheur.*

Il serait impossible de décrire l'effet que produisit une romance terminée par le refrain *de la piété filiale*. Un transport involontaire s'empara de tous les cœurs, et de toutes les parties de la salle, les voix répétèrent ce refrain si juste et si touchant.

A sa sortie du spectacle, une foule immense se pressait sur son passage; et, pour satisfaire à l'empressement général, S. A. R. voulut bien suivre le quai du Rhône, la place de la

Charité, la rue du Pérat, la place de Louis-le-Grand et le pont de l'Archevêché.

Au centre de la place de Louis-le-Grand, on avait construit un temple ouvert, de forme octogone. Les portraits des huit derniers Rois de France, entourés de guirlandes de fleurs, étaient suspendus, par des festons, au milieu de chaque ouverture. Le dessus du temple était illuminé et formait une coupole de feu. Au centre était un autel portant une corbeille de fleurs symboliques, et sur lequel on lisait cette inscription :

Du haut des cieux, Monarques immortels,
Admirez les transports que votre fille inspire :
Dans tous les cœurs français vous aviez des autels,
Que l'erreur ne pouvait détruire.

Autour de cette vaste place, une longue suite d'échafaudages présentait des arcades de feu, et les deux superbes façades, brillantes de lumières artistement disposées, laissaient lire sur leur fronton, d'un côté, *Vive le Roi !* de l'autre, *Vive Madame !* Sous les tilleuls et dans une longue allée illuminée avec goût, des orchestres étaient placés.

Une nombreuse population se livrait à la joie et formait des danses.

S. A. R. jouit un instant du magnifique coup-d'œil que présentait cette place, et se retira dans son palais, au milieu des acclamations de la multitude.

S. A. R. ayant témoigné à S. Exc. M. le Maréchal gouverneur-général, le désir de voir une revue générale des troupes de la garnison et de la garde nationale, S. Exc. s'empressa de donner les ordres nécessaires.

Le 8, dès les sept heures du matin, les troupes de toutes

armes furent réunies dans la plaine des Broteaux. Le lieutenant-général Albert, commandant la division, avait disposé l'infanterie en bataille sur deux lignes, dont l'une formée par les grenadiers et chasseurs de la garde nationale, et l'autre par le 24.e régiment de ligne. Le 13.e de dragons et la garde nationale à cheval étaient placés à l'extrémité des lignes.

La journée était superbe ; l'immense population de la ville et des faubourgs couvrait la belle plaine des Broteaux. Les édifices du quai Saint-Clair et les rians coteaux de la Croix-Rousse et de Fourvières se dessinaient dans le fond du tableau, et présentaient le spectacle le plus ravissant.

A huit heures précises, le canon et les cris de *vive le Roi! vive Madame! vivent les Bourbons!* répétés sur tous les points de la plaine, annoncèrent l'arrivée de MADAME. Elle était dans une calèche découverte, avec Mme la comtesse de Choisy, l'une des dames de sa cour. M. le Maréchal accompagnait, à cheval, la Princesse. M. le vicomte d'Agoult et M. le vicomte de Lastour, le lieutenant-général Marulas, M. le Préfet et plusieurs Officiers-généraux à cheval, précédaient la voiture. Elle était suivie par d'autres calèches où étaient des dames.

Des détachemens de la garde nationale, du 13.e de dragons et de la gendarmerie royale, ouvraient et fermaient la marche. (*)

A son arrivée sur la ligne, un enthousiasme universel

A l'issue du pont Morand, M. le Préfet présenta à S. A. M. Morand, conseiller en la Cour Royale, fils du célèbre architecte, auteur de ce pont et du projet d'une nouvelle ville aux Broteaux, mort après le siége de Lyon, victime de son dévouement à la cause de nos Rois légitimes. MADAME lui fit un accueil gracieux, et répondit avec bonté au compliment qu'il lui adressa.

électrisa tous les cœurs ; par un mouvement spontané, les soldats élevèrent leurs chapeaux et leurs casques sur la pointe de leurs armes, et les cris mille fois répétés de *vive le Roi ! vive Madame Royale !* les sermens de verser jusqu'à la dernière goutte de leur sang pour la défense du trône, se mêlant aux acclamations de la multitude, furent répétés sur toute l'étendue de la plaine.

Madame parcourut les rangs en adressant aux différentes compagnies des paroles pleines de grâces et de bonté.

Lorsque les troupes défilèrent, ayant à leur tête le lieutenant-général Albert, l'enthousiasme, toujours croissant, fut porté à son comble, quand le 13.e de dragons, qui fermait la marche, défila devant la Princesse, en pleine charge, aux cris chéris des braves, *vive le Roi ! vive Madame ! vivent les Bourbons !*

Après la revue, Madame daigna accepter un déjeûner que M. le Maréchal avait fait préparer dans la jolie maison des héritiers Antonio, voisine du camp. Les officiers supérieurs de la garnison et de la garde nationale ayant été présentés, elle adressa à M. le Maréchal ces paroles, qu'une mémoire fidèle a retenues textuellement :

« J'ai vu cette revue avec une grande satisfaction ; il est impossible d'avoir une meilleure tenue et un meilleur esprit que les troupes que vous commandez. Je le dirai au Roi ; mais je crains, en lui racontant ce que j'ai éprouvé, de lui inspirer le regret de n'avoir pas été à ma place. »

M. Henry, colonel du 24.me de ligne, était retenu dans son lit par les suites d'une blessure grave, reçue dans les dernières campagnes. Les plus vives douleurs ne purent

arrêter ce brave officier ; il se fit apporter en présence de Madame, pour mettre à ses pieds l'hommage de son dévouement, et de la fidélité du corps qu'il commande. Madame lui dit, avec la plus vive sensibilité : « Les braves
» gens comme vous sont chers au Roi ; hâtez-vous de
» vous rétablir pour le servir, comme vous avez servi la
» France : il met sur la même ligne les services rendus à
» l'Etat, et ceux qu'on rend à sa personne. »

S. A. R. avait à sa table, avec les dames et officiers de sa maison, M. le Maréchal et Mme la Maréchale, et Mmes de Bondy, de Mesgrigny et d'Albon, M. le lieutenant-général Albert, le Préfet, les maréchaux-de-camp Ducasse et Cochois, et le Maire de Lyon. Au dessert, les Officiers réunis dans une autre salle, obtinrent la faveur de se présenter, pour porter la santé du Roi, de Madame, et de toute l'auguste famille des Bourbons. Un Adjudant-major du 13.e de dragons, M. Villain, chanta avec enthousiasme des couplets dont il est l'auteur. S. A. R. parut satisfaite de cet hommage, où respirent la franchise et la loyauté d'un brave. Elle lui fit répéter le couplet suivant, dans lequel le poëte militaire peint avec vérité le bonheur que la France doit au retour de ses Souverains légitimes :

   Lorsqu'il vint calmer nos alarmes,
    Ce digne Roi,
   Des lys et nos cœurs sont les armes
    Qu'avait le Roi :
   On gémissait durant l'absence
    De notre Roi,
   Et tout renaît par sa présence.
    Vive le Roi !

A son départ des Broteaux, S. A. R. recueillit les mêmes témoignages d'amour et d'enthousiasme qui avaient signalé son arrivée, et se rendit dans la ville pour y visiter les principaux établissemens publics qu'elle renferme.

A l'Hôpital, S. A. R. fut reçue et complimentée sous le vestibule de la principale entrée, par M. le comte de Fargues, président, à la tête de l'administration : S. A. R. reçut avec bonté les témoignages de respect et d'empressement de MM. les administrateurs.

S. A. R. visita les principales salles de malades, celles du grand et du petit dôme. Dans tous les lieux que S. A. R. parcourut, elle trouva un grand nombre de personnes empressées de jouir de sa présence.

S. A. R. daigna remettre elle-même une offrande à MM. les administrateurs, pour le soulagement des pauvres.

S. A. R. se rendit ensuite à la Bibliothèque : elle fut reçue par le bibliothécaire, M. Delandine, qui eut l'honneur de lui exprimer combien sa présence honorait un établissement où tous les Monarques français, en passant dans nos murs, daignèrent s'arrêter, et où Louis-le-Désiré, alors comte de Provence, a porté ses pas. L'orateur, s'apercevant que S. A. R. considérait, dans le fond de la salle, l'immense cadre vide qui termine la galerie, prononça à-peu-près ces mots : « Ce tableau offrait les nobles traits du Roi magnanime qui a donné son nom à son siècle, de Louis XIV. Au milieu de nos désastres, il disparut. Ce cadre dépouillé, vide depuis vingt-cinq ans, est resté pur; il porte pour devise : *Attendre et espérer.*

M. le bibliothécaire présenta à l'auguste Princesse divers manuscrits et ouvrages qu'elle vit avec intérêt.

Madame daigna visiter les belles manufactures de M. Grand et de M. Bissardon, où elle a vu des chefs-d'œuvre de tissus et de broderie.

S. A. R., rentrée dans son palais, eut un instant le spectacle d'une joute sur le bassin de la Saône.

A cinq heures et demie, S. A. R. partit de l'Archevêché pour se rendre à la fête qui lui était préparée au palais de St. Pierre, au nom du Commerce et des Arts, et qu'elle avait daigné agréer.

L'immense galerie découverte qui règne autour de la cour de cet édifice, était entièrement surmontée d'une tente supportée par des pilastres à fond d'azur, semés de fleurs de lys d'or, et auxquels se rattachaient les trente enseignes ou bannières emblématiques portées devant la Princesse par les élèves de l'Ecole des arts. Sous les tentes s'élevaient des gradins en amphithéâtres.

Le fauteuil de S. A. R. était placé sur une estrade, au centre de la galerie, sous un riche pavillon revêtu de tapis de velours; au bas était placée cette inscription :

O jour trois fois heureux!
Que béni soit le ciel qui te rend à nos vœux!

En face, un orchestre nombreux était placé en avant d'un second pavillon décoré des grandes armoiries de France, et de la couronne royale supportée par deux génies. Au-dessous on lisait ces deux vers :

Appelez tout le peuple et montrons-lui son Roi,
Qu'il lui vienne en ses mains renouveler sa foi.

Dans l'intérieur de la cour on avait parqueté le sol pour les danses, et placé des gradins à l'entour. Au centre s'élevait une colonne de trente pieds de haut, surmontée d'un génie tenant à la main une couronne de fleurs qu'il semblait offrir à S. A. R.

Des festons de verdure et des blasons entremêlés décoraient les portiques du palais.

Des obélisques de feux, placés de distance en distance, devaient éclairer l'ensemble de la fête.

Plus de trois mille dames vêtues de blanc occupaient les gradins, autour desquels circulait un nombre égal d'hommes tous également impatiens de voir l'auguste Princesse.

A six heures, les acclamations de la multitude qui remplissait toutes les avenues du palais et la place des Terreaux, annoncèrent l'arrivée de S. A. R.

Elle fut reçue au bas du perron, par MM. les Commissaires de la fête, ayant à leur tête MM. Leroy, président du Tribunal de commerce, et Regny, vice-président de la Chambre.

M. Leroy lui a adressé le discours suivant :

« MADAME,

» Lorsque vous daignez venir honorer nos jeux et nos fêtes de votre auguste présence; lorsque vous applaudissez avec bonté aux efforts que nous faisons pour vous plaire, vous semblez dire à nos cœurs pénétrés de reconnaissance et d'amour : Je suis heureuse au milieu des Français. »

Entrée sous les portiques, les élèves de l'Ecole des beaux-arts, rangés en haie, lui adressèrent un compliment par l'organe de M. Reverchon, l'un d'eux; elle reçut avec
bonté

bonté un bouquet de myrte et de roses, au milieu duquel était placée une romance, dont le refrain était :

Comment ne pas l'aimer ?

Aussitôt que S. A. parut sur le balcon, tous les spectateurs, agitant et chapeaux et mouchoirs, manifestèrent le plus grand enthousiasme. Ce fut au milieu des plus vifs applaudissemens, que l'orchestre et les chœurs nombreux, formés des amateurs et de dames et demoiselles de la ville, exécutèrent l'air de Gluck :

Que de grâce et de majesté !

Une cantate dont les paroles étaient composées par M. Cartoux, et la musique par M. Della Torre, fut chantée par M. Bourget, et immédiatement après, le chant national de M. Revoil, *vive le Roi ! vivent les Dames !* qui occasionna de nouveaux transports.

Dans l'intervalle du concert, ont été lancés plusieurs ballons parsemés de fleurs de lys et surmontés de la couronne royale. MM. les Commissaires supplièrent S. A. R. de voir les différens métiers dressés dans des salles voisines. S. A. vit avec intérêt les procédés ingénieux qui font la gloire des fabriques de Lyon, et travailler devant elle à un tissu de soie. Elle voulut bien en agréer l'hommage ; mais en le déroulant, elle trouva avec surprise son portrait : elle daigna en exprimer toute sa satisfaction à MM. Grand, directeurs des métiers.

En revenant, S. A. R. trouva la scène changée : une illumination brillante avait remplacé le jour. Aussitôt les

D

danses commencèrent, et S. A. R. parut prendre plaisir à voir la joie que sa présence inspirait.

Avant de quitter la fête, elle descendit dans l'intérieur de la cour, et fit le tour des gradins, aux cris mille fois répétés de *vive le Roi ! vive Madame !*

A son retour, S. A. R. trouva par-tout la même affluence, les mêmes transports ; et long-temps après qu'elle se fut retirée dans son palais, les acclamations se firent entendre.

Le lendemain, à six heures, S. A. R., précédée et suivie du même cortége qu'à son arrivée, quitta les murs de Lyon, emportant les bénédictions d'un peuple pénétré de cette bonté touchante, de cette grace aimable, le plus bel apanage des Bourbons. Une immense population remplissait les rues qu'elle devait traverser.

A la porte de Lyon, faubourg de Vaise, S. A. R. fut complimentée par M. le maire, qui lui exprima, au nom des habitans, toute leur reconnaissance du bonheur que sa présence leur avait apporté, le précieux souvenir qu'ils garderaient d'une époque si mémorable, et les vœux qu'ils formaient pour la prospérité de l'auguste famille dont les vertus ramenaient en France le règne de la justice, de l'honneur et de la félicité publique.

Aucun accident n'a troublé ces belles et heureuses journées, et le plus grand ordre a régné par-tout.

M. le Maréchal gouverneur-général, accompagné de M. le lieutenant-général Albert, d'un nombreux état-major, escorta la Princesse jusqu'à la montée de Balmont, où il eut l'honneur de lui présenter ses derniers hommages.

M. le Préfet était parti quelques instans avant la Princesse, pour se trouver sur la limite du département.

M. le maréchal-de-camp Ducasse avait été envoyé en avant par Son Exc. le Gouverneur-général, pour prendre les derniers ordres de S. A. R. à la limite de la division.

Depuis Lyon jusqu'à la Maison-Blanche, où commence le département de Saône-et-Loire, toute la population de la plaine et des montagnes du Beaujolais, tous les habitans de la rive gauche de la Saône, bordaient la route. Dans toutes les communes on avait élevé des arcs de triomphe; Limonest, Anse, Belleville et sur-tout Villefranche, chef-lieu d'arrondissement, s'étaient particulièrement distinguées. Cette dernière ville, centre d'une fabrique de coton, avait tapissé sa grande rue de mousseline et étoffes de coton blanc, qu'ornaient des couronnes, des guirlandes de fleurs, et de longs festons de verdure.

M. des Echerolles, sous-préfet, s'était rendu à Anse pour complimenter S. A. R.

Par-tout la Princesse trouva les autorités locales empressées de lui offrir leurs vœux et leurs hommages; de jeunes filles vêtues de blanc offrant des fleurs; des gardes nationales à cheval sollicitant l'honneur de l'escorter.

M. le comte de Bondy, Préfet, eut l'honneur d'accompagner S. A. R. jusqu'à Mâcon, où il fut admis à lui présenter les derniers vœux des habitans du département du Rhône. S. A. R. daigna lui témoigner sa satisfaction de l'excellent esprit qui les anime tous, et particulièrement ceux de la ville de Lyon.

M. le maréchal-de-camp Ducasse, chef de l'état-major

du gouvernement général, eut également l'honneur de lui présenter, à Mâcon, les derniers hommages de M. le Maréchal, et de la 19.ᵉ division. Elle daigna lui répéter, comme elle l'avait fait plusieurs fois à M. le Maréchal, combien elle était satisfaite du bon esprit et du dévouement des troupes.

Le passage de S. A. R. et son séjour à Lyon, font aujourd'hui l'objet de tous les entretiens; on recueille jusqu'aux moindres détails, on se rappelle avec attendrissement les plus petites circonstances. On ne forme plus qu'une seule famille animée par les mêmes sentimens, les mêmes intérêts, les mêmes espérances. Jamais la présence d'une Princesse ne produisit pareil effet; et si rien ne peut égaler les vertus sublimes de S. A. R. Madame, duchesse d'Angoulême, rien ne peut être comparé à l'amour, la vénération et la reconnaissance dont elle a pénétré ici tous les cœurs.

FIN.

www.ingramcontent.com/pod-product-compliance
Lightning Source LLC
Chambersburg PA
CBHW060724050426
42451CB00010B/1620